O que é ser uma escritora
negra hoje, de acordo comigo

Djaimilia Pereira de Almeida

O que é ser uma escritora negra hoje, de acordo comigo

Dois ensaios e uma conversa

todavia

Para o Humberto

O que é ser uma escritora negra
hoje, de acordo comigo 9

A minha imaginação não se distingue
da minha identidade 31

A restituição da interioridade 61

O que é ser uma escritora negra hoje, de acordo comigo

2022

I.

O meu maior privilégio imerecido é ter nascido em 1982. Não é ter tido uma educação, ter sido amada e protegida pela minha família. Não é a habitação, ou sequer o acesso à saúde. A data do meu nascimento é o meu maior privilégio. Peso cada palavra. Houvesse eu nascido setenta anos antes, e não haveria lugar a estas linhas, ou a qualquer dos meus livros. Fosse eu uma mulher negra da geração da minha avó, ou mesmo da geração da minha mãe, e o meu destino seria outro. Durante muito tempo, imaginei que escrevia para não desperdiçar a minha vida. Não vivo de escrever, mas escrever é quem sou. Morreria, caso não pudesse escrever, e viveria uma vida de tortura, caso fosse impedida de o fazer, ou se não lograsse encontrar quem me lesse. Caso não pudesse escrever — peso cada palavra — sucumbiria à tristeza e é muito provável que enlouquecesse. Houvesse eu nascido setenta, oitenta anos antes, talvez até apenas cinquenta, tivesse eu a mesma inclinação, e o meu destino seria, com sorte, a cozinha, a vassoura, a roça. O meu maior privilégio é este tempo, o meu. Nunca antes na história uma mulher como sou podia aspirar a um destino semelhante ao que vivo. Queria alguém saber do que pensava, ou imaginava, do que via ou sentia uma preta? Queria alguém saber de uma preta com queda para as palavras? Queria realmente alguém saber de uma preta, no tempo da minha avó, da minha bisavó, até da minha mãe? Este é o pior dos tempos. É, também, o melhor dos tempos.

2.

Existe tal coisa como uma escritora negra? Serei tal coisa? É isso perfil desejável ou aberração? Redenção ou presente envenenado? Não dá para esquecer a cada livro, cada linha, que há poucas décadas o meu modo de vida seria impraticável. A coisa específica que é ser uma escritora negra hoje é escrever com a consciência desse facto, que não se aplica a nenhuma das minhas contemporâneas brancas. Fossem elas pobres, nesse outro tempo, e estariam igualmente arredadas do nosso destino comum. Mas não estariam arredadas do seu destino como eu estaria. Não estariam proibidas à autoconsciência do mesmo modo. Não seriam consideradas, elas mesmas, uma ilicitude, no sentido em que eu seria considerada uma ilicitude. Vivo no tempo em que se diz "escritora negra". Apenas neste tempo a vida que inventei e me escolheu pode ser a minha vida. Apenas neste tempo me posso dizer. Fosse eu minha avó, minha bisavó, e abafaria nos meus sonhos inquietos, nos meus pensamentos tortuosos. Fosse eu minha trisavó, preta de carapinha dura, e o meu destino seria o chicote. Ser uma escritora negra hoje, de acordo comigo, uma mulher deste tempo, é escrever contra esse facto, carregando-o às costas, sem deixar que ele me tolha. É fazer, a cada página, por abraçar e merecer a alegria cósmica, arbitrária, de ter nascido quem sou só agora. É na página que a responsabilidade advinda dessa alegria se joga. A página é o que me estaria impedido, não houvesse eu nascido em 1982. Estar à altura da minha responsabilidade é estar à altura de ter um lugar na página. A página é o que esteve vedado à minha avó, à minha bisavó, à minha mãe, às mulheres da minha vida.

3.

O meu pai não gostava de que eu dissesse que era negra. Havia nele um visível incómodo, se me ouvia dizê-lo. Talvez sentisse, penso agora, que ao assumir-me negra negasse a parte dele que há em mim, a parte branca. Toda a vida ele tratou a cor da minha pele como um aspecto sem importância, algo que não estava à vista e não representava uma diferença entre nós. Dizia-me, "Negra? És tão negra como branca", querendo contestar o que parecia óbvio a todos, menos a ele.

4.

Fui para Portugal com o meu pai em menina. Este facto, arrancar brutal da flor pela raiz, molda e explica o que sou, mesmo aquilo que não sei que sou. Durante alguns anos, imaginei que essa circunstância era uma condenação que me privaria para sempre de toda a felicidade. Habituei-me, entretanto, à distância, fiz dela a minha força. Estou hoje muito longe de chorar a saudade da minha mãe e da minha terra. Longe de essa saudade me martirizar e me derrotar. Mas inclino-me para ela como quem perscruta uma coisa concreta que explica tudo e se mantém, no entanto, misteriosa. Trago em mim o caroço desse mistério, por desconhecer em que medida me fez quem sou, tanto quanto transporto o mistério que é a minha mãe. Pergunto-me, agora que perdi o meu pai, quem virá a ser ela um dia que morra, como fazer o luto dessa distância, como viver após o cessar dela, como se fará, como se faz? O fim do meu pai deixa-me em pânico com a ideia do fim da minha mãe. E a saudade lança-me na mais fria das perguntas. Que teria sido a vida, caso o meu pai não me tivesse levado em viagem?

5.

O meu pai sempre tratou o facto de eu ser negra como um segredo que ele escondia de mim. Julgo que, desse modo, imaginava proteger-me do racismo. *Se eu não lhe contar que ela é negra, talvez não perceba, talvez ninguém note*, parecia pensar, por estranho e absurdo que pareça. Cresci com outras mulheres, que me foram ensinando a ser mulher. Mas com nenhuma dessas mulheres brancas aprendi a ser uma mulher negra no mundo. Não aprendi com nenhuma delas a defender-me do mundo como tem de fazer uma mulher negra.

6.

Foi depois de editar o meu primeiro livro que a minha cor de pele deixou de ser entre nós um tabu invisível. Acordava, por estranho que fosse, para o mundo além da porta de casa, e nele, novo para o meu pai, ninguém parecia ter dúvidas a respeito de eu ser negra. Além da porta de casa, o segredo que o meu pai julgara esconder de mim era evidente para todos. Ele pareceu ressenti-lo. Incomodava-o que me considerassem africana, que eu me considerasse uma escritora negra ou que fosse percebida desse modo. Talvez imaginasse que mais alguém no mundo me veria como ele me vira até então, parda e ao meio, meio branca. Talvez nunca tenha entendido, mas só imaginado, apenas conjecturado, que fora de casa, na realidade a vida inteira, todos sempre me viram como aquilo que sou.

7.

O que será branco em mim? A gota do meu pai perdeu-se no copo da minha mãe. Ele era a única pessoa do mundo para quem a minha negritude representou uma autonegação. Atrás ficavam anos de amnésia e esquecimento. Crescida em sua casa, entre brancos, sempre fui como maria-rapaz de quem os amigos rapazes dizem ser *one of the guys*. Sei, como essa rapariga sabe, que a rapariga do grupo é, ao mesmo tempo, companheira e foco de agressão disfarçada de desejo disfarçada de indiferença. Sei, como ela, que ser *one of the guys* é um calvário.

8.

Imagino-me escancarar o que sinto, em letras garrafais. A raiz da sublimação é mais o medo do que a cobardia. Regressa a minha mãe e a sua mundividência colonial, com a qual cresci. Os seus conselhos para que eu e a minha irmã nos casássemos com homens brancos. O seu desconforto com a própria cor de pele. A maneira como se reagiu, a certa altura, em minha casa, à sua decisão de só vestir trajes africanos, com uma condescendência que a aviltava e a diminuía. A minha cerebralidade é menos um estilo, ou um modo, ou uma forma de omissão, ou evasividade, e mais a reacção a uma perseguição, aquela que a turba na minha cabeça lança ao meu corpo e ideias quando elas saem de mim e encontram a rua.

9.

Escrevo perseguida. Como se, na esquina, fosse de novo aparecer o velho senhor guineense que me chamou de puta no metro, por eu ter um namorado branco. "Sua puta, aprendeste com a tua mãe!" Esse senhor caminha pela minha página, por todas em que escrevo. Estas linhas, quaisquer linhas que escreva, vão em passo rápido, embuçadas, a fugir dele e dos seus berros.

10.

Nunca expliquei ao meu pai o que fui aprendendo sobre ser uma mulher com a minha cor de pele em Portugal. Nunca contei com ele nessa marcha dolorosa. O racismo nunca foi tema aberto em casa. Nunca lhe expliquei o meu ressentimento pela minha pele ser tratada por ele como um segredo. Nunca lhe expliquei como esse segredo me enredou toda a vida. Nem que, não tendo podido ser dentro de casa quem sou e ser tratada como tal, a máscara que fui ensinada a usar me dilacerou, autorizando o racismo dentro de casa. Sempre estive entre brancos.

11.

Coisas ditas por brancos em casa. "Os pretos têm um cérebro mais pequeno do que os brancos e, por essa razão, um Q.I. inferior. Está provado cientificamente." "Mas as pretas agora já fazem telenovelas?" É a primeira vez que tolero relembrar essas coisas por escrito. Essas frases, singelas que sejam, costumavam magoar-me a ponto de não aguentar passá-las para o papel. Alguma coisa terá mudado em mim, ou foi só o meu pai, a quem não as ouvi, que morreu.

12.

Leio numa parede "Não sentir raiva é um privilégio". Nunca me enraiveci com as pessoas que me magoaram. Não é privilégio. É feitio. Nos sonhos, espanco-os. Ou insulto-os até a minha língua inchar, inchar a ponto de não caber na minha boca.

13.

Esta é a minha heroína. Uma Mila raivosa, cuja língua é maior do que a sua cabeça, do que o seu corpo. Uma menina língua gigante, monstra, língua tornado, língua portuguesa.

14.

Pode ser pueril imaginar que uma mãe negra me teria ensinado a viver na minha pele. Acarinho essa esperança. Imagino que, fosse eu mãe de uma menina ou de um menino negro, os ensinaria desde crianças a proteger-se do mundo e dos outros. Não atravessei essa iniciação. Foi escrevendo que me encontrei com a minha pele. Escrevendo, entendi-me negra. Fui além do segredo e, de uma vez, acertei o passo comigo. Se recuso ser uma escritora negra — se tal significar um género de subgrupo exótico dentro dos escritores do mundo —, visto com orgulho a noção de que sou uma mulher negra que escreve. Escrever deu-me um lugar na minha pele. É ela a mãe negra que não tive. Os meus livros são quem me defende no mundo. Sou uma mulher negra em livros. Eles são a minha defesa do mundo.

15.

De tanto escrever, a minha negritude fez-se palavreado longe das coisas. A minha negritude é drama cerebral e não festa do quarteirão, não sábado à noite. Tornei-me negra no meu quarto. Ser negra por introspecção é destino de órfã. Condoo-me deste destino que é, no entanto, o meu. Tive de resgatar a minha cor da pele como quem resgata um navio há muito enterrado. Conquistar o modo de dizer a negra que sou a ponto de ser vencida por ele. Sou hoje uma mulher negra que escreve, alguém que, escrevendo, escreve o que é, quero dizer. Escrevo o que sou e ser negra é essencial a isso. Precisei de me haver com a página aberta para perceber que, por mais que diga ou faça, por mais que o meu pai o desejasse, o mundo que vejo e o modo como o mundo me vê determinam o que imagino.

16.

Caminho na rua e sou uma mulher negra a cada passo. Sou uma mulher negra quando tenho medo de caminhar de mãos dadas com o meu marido branco numa rua qualquer da Europa, onde tantas vezes fomos olhados de lado, ou insultados. Sou uma mulher negra no meu bairro, seja ele qual for. No prédio onde moro. Na minha freguesia. No meu município. No hospital. No banco. No comboio. No metro. No autocarro. Na tasca. No restaurante chique. Sou uma mulher negra a passar a segurança no controlo alfandegário de qualquer aeroporto. Sou uma mulher negra quando me convidam para preencher quotas. Ou quando, se recuso os convites, convidam outra mulher negra em minha vez. Somos, eu e essa mulher, mulheres negras num esquema que reservou para nós um único lugar numa geometria.

17.

Como dinamitar o sistema, pervertê-lo, senão *não* sendo a mulher negra que o sistema quer que eu seja? Como fazer, senão ser a mulher negra que me apetece, fazer da minha pele o meu segredo, tratar-me como meu pai me tratava, esquecer-me de mim, esquivar-me, ou ir de encontro ao penedo, de encontro ao muro, magoar a minha cara, partir a cabeça, se isso for o que me apetecer, ou enganar quem julga ter entendido o que eu sou?

18.

Não sei se a pele é um facto ou se esse facto nos ensina alguma coisa de grandioso. Sei que, mesmo atrasada a chegar à minha pele, ela é o canal pelo qual falo e sou no mundo e nas coisas. Primeiro contacto com o vento, com a atmosfera, com a temperatura, a minha pele individua-me e joga-me no mundo. Pode enganar-me uma vida inteira, como o meu pai se quis enganar a si mesmo, mas não posso eu desejar enganá-la.

19.

A minha pele pode mentir-me. Eu não posso mentir à minha pele. A minha pele pode ser surda. Eu não consigo não lhe responder. Escrevo através dela, ela está em tudo o que digo, por mais sublimado que seja. Penso através dela, o que não faz dos meus pensamentos negros. Faz deles meus. Pensamentos da mulher que escreve em meu nome.

20.

Porque há de tamanho mistério à vista de todos ser fácil de apreender ou de pôr por palavras? Porque só me é admitido ser clara sobre o que é ser negra? Porque há de ser simples estar na minha pele? Porque há de a minha pele ser uma casa segura e sem desavenças? Num mundo em que um parágrafo de dez linhas é uma eternidade e em que a nossa condição pessoal é ou necessário motivo de orgulho ou material promocional, pensar-me negra é um absurdo. Ninguém tem tempo para mulheres como eu. Ninguém gosta de gente complicada, muito menos de negras complicadas. Qualquer coisa menos do que a resposta na ponta da língua à pergunta "Quem és tu?" é duvidoso sinal de frouxidão.

21.

E, no entanto, explicar ao meu pai, explicar-me a mim, explicar a alguém, o que é ser uma mulher negra que escreve levaria tempo. Como não deixar que façam de mim o refrão de uma canção que não fui eu que escrevi? Um exemplo conveniente num mau artigo académico? Um alfinete na lapela de curador sofisticado ou progressista? Um chamariz bem-vindo para ganhar o financiamento de um projecto? Uma categoria social? Um tópico? Um objecto? Uma eloquente consultora *woke*? Fantoche? Boneca de trapos? Um produto comercial? Mercadoria? Uma boa menina? Uma mulher escravizada?

22.

Sou negra e escrevo o que sou. Mas haverá isso? Um ponto de vista particular, qualificável segundo essa etiqueta? O mundo em que vivemos parece achar que sim. Dum lado da barricada, é-me dito que pertence aos exemplares dessa categoria um papel social que, a certo ponto, vai além do ofício de escrever propriamente dito. Desse lado, aguardam da escritora posições, declarações de princípio, um posicionamento claro sobre as questões do nosso tempo. Do outro, é-me dito que nada distingue uma escritora por ser negra, mas também que a categoria corresponde a uma moda, a uma tendência comercial, a um objecto do mercado. Os lados digladiam-se. Como me verão, dum lado e doutro? Uns ver-me-ão como produto. Outros, como instrumento de uma causa. Outros, como frouxo exemplar da mesma. Outros ainda, lerão os meus livros. A maioria, ignorá-los-á. Não acredito que exista uma imaginação negra, a imaginação característica de autores negros. Também não acredito que tudo (na imaginação) seja político, como não acredito que os sonhos que temos durante a noite são políticos. E, contudo, sou negra e escrevo o que sou, quem sou. Escrevo livros. Penso livros.

É o mesmo ofício. Se os meus livros não podem ser melhores do que sou, também não podem não ser da minha cor.

23.

Manequim de montra-produto: serei suficientemente bonita? Suficientemente exuberante? Transmitirei uma imagem empoderada, confiante, enérgica, suficientemente feminista? Admitir-me-ão um semblante triste? Um esgar dubitativo? Posso vestir cores escuras — ou tenho de me ficar por roupas que vão bem com a minha pele? Posso ser gorda, ou tenho de ser magra, radiosa, elegante, perfeitamente penteada? Qual o ponto certo entre a cor e a sombra? Posso pensar antes de falar, ou a hesitação cheira a esturro? Posso ter dúvidas, ou tenho de ser rápida, mais veloz do que a minha sombra, continuamente alegre, leve, grata, fresca alface, uma pena? Levantar voo? Posso ser superficial? Tenho de usar óculos de massa, posso ter acne ou cieiro nos lábios? Posso sorrir nas fotografias? Posso ser vespa, zangão, ou só borboleta?

24.

Serei tendência da estação, como os chumaços e as blusas de laçada e o azulão? Como as bandanas, as bermudas, posso roer as unhas, que significa uma mulher ser uma moda, *sim, agora as pretas estão na moda.* Serei uma mulher ou uma coisa? Uma preta é uma pessoa ou uma divisa? Na moda como os iPhones, o streaming, os carros eléctricos, o marfim, a pimenta, as esmeraldas, quem me decretou tendência da estação? *Está a passar, vêm aí as asiáticas, as eslavas, as coreanas são melhores do que as nigerianas, mais misteriosas.* É literatura ou categoria porno? Quanto vale a autora em barras de ouro? Sou moda como gadgets, carros eléctricos, serei, ainda, uma pessoa? *Outono-Inverno 2015-16* — ou escravidão?

25.

Como não cair na impostura de ser só o que esperam que eu seja, adorno numa caderneta? Figura decorativa? Enfeite de Carnaval? Como ser uma mulher que escreve no mundo e fazer justiça a esse lugar sem me fechar numa gaiola? Como não jogar o jogo de quem conta comigo para, junto a mim, fazer boa figura? No jogo de quem nunca quis ouvir-me mas sentir-se boa pessoa por contar comigo na sua companhia, no jogo de quem me desconvida quando digo o que sou e não o que esperaram que eu dissesse, o que querem que eu diga — o jogo de não haver, afinal, lugar para mim mas para uma figura de cartolina, *a escritora negra*, sorriso fácil, olhar grato, modos dóceis, figura bonita, cabelo exuberante, perfil pensativo (mas sem exageros), frases lapidares? Como explicar a alguém tudo isto, responder a todas estas perguntas, sem me tornar chata, antipática, ingrata? Será esta enumeração sublimação? Estarei a ser cerebral? Falarei de boca cheia? Onde estás língua inchada, agora que me devia calar? Que sou, afinal? Para onde vou? De onde vim? Como reivindicar o meu direito a engasgar-me, a atrapalhar-me, a perder-me na procura das respostas para as perguntas da minha vida?

26.

Falará a escritora negra por si ou pelos outros? Tem uma missão política além dos livros, ou é só senhora do que escreve? É-lhe admitido, afinal, por alguém, ser bisonha, meditabunda, ensimesmada, ter mau feitio, mau carácter? Ou esperam-na arauto, porta-estandarte, voz activa? Os negros exigem-lhe uma audácia, uma posição. Os brancos têm mais que fazer, não têm pachorra, descartam-na como cavalo de Troia, ou activista incómoda. Uns cancelam-na, outros suspeitam, outros apupam, outros aplaudem. Que querem dela? Ou esperam da escritora o mesmo que de um artista de variedades. Ou esperam, outros, que ela os faça sentir bem os mesmos que a descartam quando os faz sentir mal. Ou esperam que os faça sentir-se culpados, chantageando a culpa que sentem pelo compêndio de horrores do Ocidente, servindo de bálsamo à má consciência liberal, desempenhando o papel de esconjuro de dores colectivas. Estará a escritora a serviço da raiva, do masoquismo, da lusofonia, da memória colectiva, do antirracismo, das tramas da história, do sentimento de culpa, da política externa, do sadismo, do ódio, da diplomacia, da indústria livreira, da concentração editorial, do acordo ortográfico, da ecologia, das alterações climáticas, do bosão de Higgs, do ciclone dos Açores, do Rei Leão, do Pai Natal, é ela, acaso, propriedade de alguém? Que se apresente na sala o dono da escritora negra. *Pode vir levantar a sua mercadoria.*

27.

É a escritora negra, por excelência, a profeta do nosso tempo, um digestivo, uma colher de óleo de fígado de bacalhau, um rebuçado oferecido pelo dentista, ou as três ave-marias no fim da confissão? Do outro lado, aguardam que empunhe a bandeira. Mas quem está interessado no que a escritora negra escreve? Qual é, afinal, o seu país? Há alguém, dum e doutro lado, interessado em palavras? Ou as palavras são o menor dos problemas da escritora negra, depois do guarda-roupa, muitíssimo depois do penteado, dos sapatos, do batom, das frases feitas, da conta de Instagram, da página pessoal, da gente bonita, dos amigos certos? Haverá no nosso mundo de autoras negras quem, entre elas, reivindique o seu quarto? Um espaço? Tempo? Ser-nos-á admitido escrever, ou escrever é pormenor? Será a escritora negra escritora, interessará ela a alguém nessa condição, terá ela, se assumir tal condição, algum valor de troca, ou só interessa como marca publicitária, como modelo, história de vida, cidadã exemplar, cabide, cara bonita, objecto, símbolo da sua época, nada? Este estado de coisas depressa diverge da literatura. Se é um privilégio do nosso tempo a escritora negra poder ser escritora, só parcialmente ela foi, de facto, admitida nessa conversa. "Admitida" é exacto. A escritora escreve, mas importa mais quem ela é, o que nos faz sentir, o seu aspecto. Só à superfície vivemos no tempo propício a escritoras negras. Só superficialmente o nosso tempo difere do tempo da minha avó. Por melhor que seja a nossa época, não tenho a certeza de que haja muitos leitores interessados hoje no que escreve a escritora negra. Interessa a escritora negra como já interessou a canela, o abacate, a telenovela, o futurismo, as iogurteiras, o açafrão das Índias, a canção de luta. O que ela escreve, como todos sabemos, aqui que ninguém nos ouve, interessa muito pouco.

28.

Privilégio que seja ter tempo para perguntar-me o que é ser uma mulher negra no mundo — como não têm tantas mulheres negras do meu mundo, que nunca tiveram tempo senão para trabalhar —, privilégio que seja, ser negra escrevendo também é ser a custo. Os livros trouxeram-me a tempo à minha pele e arrombaram a arca dos segredos. Depois de começar a escrever, nunca mais vi o mundo do mesmo modo ou a mim mesma no mundo da mesma forma. Nunca mais me odiei. Nunca mais tive vergonha de ser quem sou. Trouxeram paz à minha existência e à vida da minha pele até se tornarem parte do problema. Expandiram a questão da minha pele, não a guetizaram. Escancararam o segredo e devolveram-mo num ricochete doce e amargo. Lembraram-me de quem sou e deixaram em aberto quem sou como pergunta aberta aos outros. Levaram-me além da porta da minha casa e de volta. Do segredo do meu pai até ao segredo que nunca esperarei ver respondido. A minha negritude não é terra firme, porto de abrigo. Joga-se na página — campo minado.

A minha imaginação não se distingue da minha identidade

2022

Para marcar o lançamento da serrote #41, *Djaimilia Pereira de Almeida conversou com Stephanie Borges a propósito de "O que é ser uma escritora negra hoje, de acordo comigo", ensaio que a escritora publicou originalmente naquela edição da revista. O diálogo entre a autora e a poeta e tradutora brasileira expandiu ideias do texto original e desenvolveu questões complexas num ensaio a duas vozes que publicamos a seguir a partir de uma transcrição editada por Paulo Roberto Pires do encontro realizado, via Zoom, em 28 de julho de 2022.*

Stephanie Borges: *Quando uma mulher negra se põe a escrever existe um pouco essa consciência de que "de certa forma estou aqui lidando com uma série de circunstâncias que me permitem fazer isso e que várias outras mulheres não têm, não tiveram, né, não têm ainda, mas que outras antes de mim não tiveram essa oportunidade". E às vezes eu tenho essa sensação de que isso acaba colocando uma certa responsabilidade nas nossas escolhas criativas. Como é pensar se situando neste momento, nessa perspectiva da história?*

Djaimilia Pereira de Almeida: Eu escrevo desde criança, quero dizer, tenho uma inclinação para escrever, e é curioso que, no meu caso, a consciência de ser escritora é consciência muito tardia, absolutamente tardia. Apesar de parecer ser qualquer coisa que nos vem logo à cabeça ou que sentimos logo com uma grande intensidade, eu já tinha escrito seis livros sem nunca ter pensado nisso. Não bastou escrever e escrever para estar consciente do privilégio absolutamente imerecido que era para mim eu ser uma mulher negra num tempo em que já posso escrever. Foi preciso escrever continuamente durante muito tempo para que essa consciência ganhasse uma forma. E, mais do que isso, a forma dessa consciência só ganhou uma expressão no momento em que eu escrevi esse texto. As pessoas já me tratavam por escritora, mas nunca antes tinha sido para mim tão absolutamente avassaladora a noção de que o meu destino ser-me-ia absolutamente impedido caso eu não tivesse nascido quando eu nasci. Não é preciso recuar trezentos anos, basta recuar à geração da minha avó — e eu nunca tinha percebido isso. Há coisas, como a nossa cor de pele, que são muito óbvias, mas para mim nunca o foram. Tenho chegado sempre um bocadinho tardiamente a estas coisas, talvez porque não vou tornando minhas as experiências que outras pessoas têm de coisas parecidas. O meu tempo, no que diz respeito à consciência desses assuntos, é um tempo próprio. E isso é indissociável de escrever, pois a escrita é que foi determinando, que vai me levando a uma maior consciência desse privilégio num tempo que é o tempo dela. É o tempo que eu vivo as coisas que escrevo. Quando eu começo a escrever, nunca se tratou de qualquer coisa do género "vou escrever sobre estes temas porque se fala destes temas" ou "vou escolher este assunto". Não é assim que funciona. É qualquer coisa de intrínseco e acompanha o meu percurso de vida com tudo o que foi acontecendo, e é absolutamente intransmissível e peculiar, como somos todos.

SB: *No ensaio você procura deixar claro que está falando da sua perspectiva, da sua experiência. Essas reflexões não necessariamente vão servir para outras*

*escritoras negras, que vão passar por outras experiên-
cias, outros tempos, outros processos. Mas eu queria
continuar nessa questão do tempo, porque a gente vive
hoje nesse tempo de aceleração, em que é tudo muito
rápido, a gente escreve um livro e as pessoas já estão
perguntando qual é o próximo. Como é para você esses períodos entre um livro e outro, como é que você vai
lidando com um projeto até perceber: "Ah, isso aqui é
um livro, esse texto, essas ideias viram um ensaio"?*

DPA: O ensaio tem este título, "O que é ser uma escritora negra hoje, de acordo comigo", e este "de
acordo comigo" é muito importante porque, por
um lado, é de acordo comigo, ou seja, para mim,
o que é ser uma escritora negra hoje para mim; e
por outro lado é o que é ser uma escritora negra
hoje em consonância comigo. Apesar de, por seu
tom e forma próprios, o ensaio ter uma toada de
manifesto, mas não é disso que se trata. Há uma
coisa nesse texto que é diferente. Normalmente,
uso muitas metáforas. Não penso nelas, elas aparecem. Esse texto talvez seja o menos metafórico
que eu já escrevi. Quando parece que é metáfora,
não é metáfora, é literal — se em um lugar parece
que são hipérboles ou exageros, são mesmo assim.

As experiências são peculiares, individuais e têm um certo grau de generalidade. Portanto, é possível que outras mulheres negras e não negras, e homens e tudo mais se identifiquem ou se possam rever de alguma maneira, que se possam reconhecer, eu gosto mais dessa palavra do que de "identificar", em algumas das coisas que digo aqui. Para mim, o tempo da escrita e o tempo da vida são inseparáveis, porque sinto que escrever não é para mim um prolongamento da vida, mas é concomitante, ou seja, só uma justaposição. É uma e a mesma coisa. Vou dar um exemplo muito prático: escrevo tanto mais quanto mais nervosa estou. Ou seja, quanto mais ansiosa eu estou, mais escrevo. E escrevo precisamente porque estou ansiosa. Eu preciso. Escrevo porque não estou bem. E então nessas alturas em que estou muito nervosa, talvez porque estou à procura de me acalmar, os projetos se multiplicam. Nos momentos em que estou bem, não escrevo quase nada. Isso só para dizer que o fluxo dos projetos nunca é parecido com o de uma pessoa que tem de ir para um emprego e tem uma série de funções a cumprir. Nunca é assim. É mais parecido com uma espécie de sismógrafo das minhas impressões. Escrever está ao nível de coisas como amar os meus pais, amar o meu marido, amar a minha família, de onde é que eu sou, onde é que eu nasci.

SB: *Acho importante a gente falar sobre essas relações que a gente tem com a escrita, porque, por exemplo, durante muito tempo negociei se eu queria ou não escrever. Passei por momentos do tipo: "alguém vai querer ler o que eu escrevo? Alguém vai se interessar pelo que eu tenho a dizer?". Em uma Flip, a Conceição Evaristo falou que a gente fazia aqui no Brasil uma leitura muito equivocada da Carolina Maria de Jesus. Porque ela fala: "As pessoas leem Carolina como se ela estivesse fazendo um relato da realidade. E na verdade ela tem uma pulsão de escrita que é uma coisa fortíssima. Se ela não escrevesse, o que seria dela?". Já que você falou dessa questão do tempo, o Iury Batistta, que nos assiste, pergunta: "Além do tempo, o espaço também seria uma variável importante para você? Quer dizer, o fato de ser uma mulher negra nascida na África vivendo em um país europeu?". No ensaio, aliás, você observa: "Se eu não tivesse saído de Angola pequena, como seria a minha vida?". Essa relação geográfica, essa saudade, essas perguntas movem a sua escrita? Elas te estimulam a escrever?*

DPA: O espaço é certamente uma questão importante e, no meu caso, o espaço de vários pontos de vista. Por um lado tem essa coisa do trânsito, de uma pessoa que nasce em um sítio, vive em outro sítio e, chegando a esse lugar, não pertence completamente a ele, está num lugar que é de alguma forma estranho. Para mim, mais importante do que esse estranhamento é o que o filósofo Richard Rorty chama de traumatismos idiossincráticos. Crescer num ambiente estranho provoca ao longo da vida uma série de traumatismos idiossincráticos de toda ordem. Tenho a certeza absoluta de que, em primeiro lugar, não teria nada para escrever se não fossem esses traumatismos todos. E, em segundo lugar, que esses traumatismos são indissociáveis do fato de ter crescido num país onde eu não nasci e de ter crescido num país onde, para todos os efeitos, eu era diferente da maioria das pessoas desse país. Estar em minoria de alguma forma, sob várias formas, estar numa posição que para todos os efeitos é uma posição desconfortável, crescer nessa condição, é a razão de eu ser escritora. Uma vez um leitor que se vai ter comigo na livraria e disse-me: "Ah, Djaimilia, eu gosto tanto dos teus livros! Mas, olha, deixa dessas coisas de escrever sobre negros, deixa dessas coisas de escrever sobre esses assuntos, isso é tudo assuntos de gueto. Tu tens que te dedicar a coisas grandes". Andei dois ou três anos a pensar nas palavras daquele senhor. Eu não tinha certeza do que eu queria ser capaz de lhe dizer. Qual é a resposta ideal que eu devia ter dado? Quando estou a escrever estes livros, sei que estou a escrever sobre pessoas negras. Mas há outro sentido em que não sei que estou a escrever sobre pessoas negras, eu estou a escrever sobre pessoas, e não estou a pensar se são negras, se são brancas, não estou a pensar em nada disso. Naquele dia, quando aquele homem me disse aquilo, eu pensei: "Mas, espera, uma literatura que não fosse de gueto é uma literatura na qual eu não podia estar lá, eu não podia estar na minha literatura". Não acredito que exista uma espécie de experiência humana de gueto. Estar em minoria no meu país é a razão pela qual eu escrevo. Foi isso que condicionou, que propiciou, que eventualmente eu adquirisse essa doença (risos).

SB: *Em um trecho do ensaio você fala que, de certa forma, a experiência da mulher negra é igual à de uma moça num grupo de rapazes, que ela ouve como se fosse* um dos caras — só que, na verdade, ela nunca é. Você diz: "essa moça sabe muito bem, assim como eu, que existir desse jeito é um calvário". Essa questão do pertencimento para mim ressoa especialmente, porque embora eu esteja no Brasil, mesmo sendo uma maioria numérica, existem vários espaços dentro da sociedade brasileira aos quais eu ouço, o tempo todo, aos quais eu não pertenço. Em determinado momento você observa: "o modo como eu vejo o mundo e o modo como o mundo me vê fazem parte da minha escrita". Quando estava escrevendo o meu livro, eu pensava muito nisso: como escrever um livro que não fosse imediatamente tachado como literatura de nicho, de gueto, militante. Finalmente, ele tem uma dimensão política, mas não porque eu quisesse muito escrever um livro político, mas porque minha vida é atravessada por uma série de instâncias políticas. E eu percebo isso também no seu trabalho. Como é que você percebe essa tensão entre como você vê o mundo e como o mundo te vê?

DPA: Sim. Eu reconheço-me completamente no que estavas a dizer. Em relação à maneira como eu me vejo e os outros me veem, um dos meus primeiros textos tem a ver com isso. Tem a ver com a maneira como os outros me viam. Foi só depois de começar a escrever, não apenas a escrever, mas a publicar, a partir do momento em que os textos começaram a ser lidos e comentados é que percebi que as pessoas me viam como uma pessoa que não fazia parte, uma pessoa que era negra ou que era diferente etc. Eu não sabia isso, eu estava muito bem enganada. A verdade é que tu podes crescer e viver e seres uma mulher uma vida inteira estando em minoria e, apesar de teres uma profunda consciência do racismo desde tenra idade, não pensares nisso. Uma pessoa como eu era, que faz a sua vida, que vai todos os dias para o escritório e volta para casa, não estava a pensar se as pessoas me estão a ver como uma mulher negra a apanhar o autocarro e agora uma mulher negra a entrar no supermercado. Eu estou simplesmente a fazer a minha vida. Só no momento em que eu pus um livro no mercado é que de repente percebi que os leitores olhavam para mim como uma autora negra. Eu nunca tinha pensado nisso. Eu tinha várias amigas que escreviam e já publicavam naquela altura, a maioria delas era branca e para mim nós éramos um grupo de pessoas que estava a escrever, que gostava de escrever. Eu não estava a pensar que eu era diferente delas em nenhum sentido. Mas deu-se

essa transformação. A partir desse momento deu-
-se essa transformação. E foi tão mais estranho
que as pessoas mais íntimas e mais próximas de
mim acharam muito estranho e não reagiram bem
a isso. "O que está acontecendo agora que dizem
todos que tu não és daqui? Agora os jornais estão
a perguntar sobre o teu passado em África? Mas
qual passado, tu viveste aqui toda a vida!" Quer dizer, estas foram pessoas que só apareceram a partir do momento em que os meus textos ganha-
ram uma expressão pública. Mas a verdade é que
isso também tinha a ver com a natureza dos textos,
com a natureza do que eu estava a escrever, sobretudo no meu primeiro livro, *Esse cabelo*. Depois de
uma vida inteira de profunda amnésia a respeito de
uma série de assuntos como "de onde é que eu sou,
quem eu sou, de onde é que eu vim, o que eu estou aqui a fazer, eu tenho uma cor diferente, o que
isso quer dizer", eles começaram a tomar conta de
mim de uma maneira muito profunda. E a maneira
de tentar pôr a cabeça em ordem e perceber mais ou
menos como é que eu me sentia em relação a uma
série de coisas foi escrevendo o livro. A partir do momento que saiu *Esse cabelo*, nunca mais, nunca mais
pude imaginar que não era uma pessoa diferente,

num sentido importante, da maioria das pessoas à minha volta e da maioria das pessoas da minha vida.

SB: *Me faz pensar na parte do ensaio em que você fala que seus livros te deram a sua pele.*

DPA: Às vezes as pessoas dizem que a escrita é terapêutica, mas no meu caso é mais parecido com matemática, com uma calculadora. Ou seja, eu escrevo para resolver problemas, os meus problemas. E quando eu tenho um problema, quando estou com um problema grave, normalmente escrevo. Os livros ajudam a pôr a cabeça em ordem, pôr o coração em ordem. Por isso não têm nada a ver com trabalho. Se quer pôr a cabeça e o coração em ordem, uma pessoa não vai trabalhar. Quando trabalhava todos os dias eu não punha nada em ordem, ficava ansiosa à espera dos meses que não estava a trabalhar para poder ser eu outra vez. A consciência de que sou uma mulher negra, de que sou uma mulher negra que escrevo, com tudo que isso implica na minha vida, a todos os níveis, é absolutamente indissociável do processo de escrever os meus livros. Eu preciso dizer por escrito, a mim mesma.

SB: *Quando você falou sobre como em vários momentos está simplesmente vivendo sua vida, lembrei de um ensaio da bell hooks, "Escrever além da raça", em que ela fala: "A minha casa é o único lugar onde a raça não existe. Porque quando eu entro na minha casa eu não sou mais uma professora negra, eu não sou uma mulher negra, eu sou uma escritora, na sua casa, com os seus livros, escrevendo".* Muitas vezes existe essa questão de uma expectativa de temas, de como certos assuntos são tratados, de uma certa exposição biográfica. Como é que você lida com isso? Fico pensando que daqui a um tempo a gente nunca mais vá precisar de uma mesa sobre como é ser uma escritora negra. Porque vão ser tantas escritoras negras, com tantas coisas a dizer, que isso vai ser algo banal.*

DPA: Eu espero que já seja banal. Este ensaio só usa esse adjetivo no título, só diz: "o que é ser uma escritora negra hoje". Para mim, eu sou sempre essa escritora que está em casa. Aliás, eu só escrevo em casa. E portanto eu nunca sou escritora negra coisa nenhuma. Eu sou a Djaimilia, que passa o

---

* Cf. bell hooks, *Escrever além da raça: teoria e prática*. Trad. de Jess Oliveira. São Paulo: Elefante, 2022.

dia no sofá, ou muitos dias a escrever. Para mim, num sentido muito importante, não faz sequer sentido usar essa expressão, "escritora negra". E normalmente quando as pessoas usam essa expressão para descrever-me, eu não gosto. E no entanto por que o ensaio usa esse adjetivo? É porque, apesar de uma escritora negra ser uma escritora e apenas uma escritora, como todas as outras, eu não consigo, como sujeito, separar o fato de que eu sou negra do fato de que eu sou escritora. Eu não posso me separar da minha identidade. Portanto, quando eu estou no sofá, na minha casa em que eu não tenho cor, a escrever os meus textos, a sensibilidade particular que eu estou a transmitir, aquilo que eu estou a dizer, aquilo que eu estou a escrever, são coisas que uma mulher negra sentiu, pensou, imaginou, sonhou, conjecturou. Portanto a minha imaginação não se distingue da minha identidade. A experiência, a minha experiência do mundo à minha volta, a minha consciência das coisas é indissociável do fato de que eu sou uma mulher negra. Se, por exemplo, escrevo sobretudo a partir dos meus sonhos, e não acredito que os sonhos venham com uma ideologia, venham com uma política, a verdade é que minha imaginação, mesmo quando estou a dormir, até nos meus sonhos eu sou uma mulher negra, há tantas cenas terríveis, de coisas tristes de racismo, com que eu sonho, pesadelos que tenho à noite. E portanto eu nunca deixo de ser uma mulher negra. E é por essa razão que eu acho que sou uma escritora como qualquer outra, como as minhas amigas todas que são escritoras, e, tal como elas têm as suas identidades particulares das mais variadas, eu também tenho. E essa identidade constrange a maneira como eu vejo o mundo e a maneira como eu escrevo. Evidentemente adoraria viver num tempo em que tudo isso fosse completamente segundo a natureza para toda a gente, e não houvesse questão. Mas, olha, pouco antes de a conversa começar, ainda antes de entrarmos para aqui para o estúdio, eu estava a pensar: "esta situação que estamos a viver hoje, de uma escritora negra, entrevistada por uma escritora negra, com intérpretes de libras negras, pessoas na produção, mulheres negras, no meu país onde eu vivo, essa situação seria absolutamente inimaginável". Eu não consigo imaginar nenhuma instituição em Portugal análoga ao Instituto Moreira Salles a promover esta conversa. Mesmo assim, este é o tempo.

SB: *Sim, realmente, esse é o tempo. Mas o que eu acho engraçado é porque talvez, assim, de repente pessoas brancas precisem se perguntar o quanto a experiência de ser branco constitui a identidade delas. Talvez elas precisem aprender a fazer esse exercício que a gente acaba tendo que fazer a partir de um momento na vida.*

DPA: Certamente constitui. Mas não constitui porque a cor de pele é uma coisa especial... Não! Constitui porque isso faz parte do que essas pessoas serão, e portanto isso condiciona toda a sua mundividência, condiciona toda a sua sensibilidade, condiciona a sua experiência de estar vivo desde sempre. E portanto, de fato, eu acho é que, não sei o quanto as pessoas pensam ou não pensam nisso, devem pensar pouco, mas acho que se pensassem um bocadinho chegavam rapidamente a essa conclusão.

SB: *O simples fato de não precisar pensar nisso já libera a pessoa para várias coisas. Eu mesma fico pensando: "quantas coisas eu poderia ler e escrever se não estivesse, sei lá, pensando sobre racismo". Eu poderia me ocupar de vários outros interesses e curiosidades. O Evandro Cruz e Silva, que é escritor, pergunta: "Você considera que o racismo é uma espécie de gênero literário em si? Que existem coisas que só podem ser ditas na literatura quando se narra a experiência do sofrimento racista?".*

DPA: Bem, nunca tinha pensado nisso assim. Se o racismo fosse um género literário, eu gostaria de não escrever nesse género nunca. Ainda agora estavas a dizer que gostavas de ter tempo de não estar sempre a pensar em racismo toda hora e poder pensar em tantas outras coisas. E eu acho que isso é mesmo importante. Não só ansiar por esse tempo como reivindicar esse tempo no presente. Uma das coisas que me entristece é ver por exemplo que se o escritor ou escritora são negros, as pessoas estão interessadas em ouvi-los falar se eles falarem sobre racismo. Se eu falar sobre outras coisas, sobre a vista da minha janela ou uma futilidade qualquer que me apareça à frente... Posso fazer isso? Será que há espaço pra isso, sendo eu uma mulher negra? E a conclusão a que vou chegando é que não há. Já me aconteceram coisas objetivas como a expectativa tácita de que eu falasse sobre questões raciais num certo contexto. E se eu não escrevi sobre esses assuntos, eu escrevi sobre outros, as pessoas dispensam porque eu interesso na medida em que sou uma escritora negra e na medida em que falar sobre essas questões. Escrevi sobre isso num texto chamado "Tema livre", publicado na revista *Olympio*. Nele eu reivindicava uma coisa absolutamente inquestionada pela maioria das pessoas que escrevem, das pessoas brancas que escrevem nos jornais, que escrevem livros, que escrevem o que quer que seja: o direito de escrever sobre o que me apetece, quando me apetece. Eu já ouvi dizer que é estúpido fazer um texto a dizer isso, porque as pessoas dizem: "Então simplesmente escreve sobre o que te apetece". E a questão é: será que eu posso escrever sobre o que me apetece mesmo? Será que alguém vai publicar? A questão já não é aquela tua: "será que eu vou escrever e alguém vai ter interesse em ler?". É: "Se eu agora desatar a escrever sobre plantas e jardins e casas de banho e torneiras, alguém vai querer ler a escritora negra falar sobre isso?". Eu tenho certeza absoluta de que ninguém vai querer. E portanto eu não sei se o racismo é um género literário, sei que certamente é um dos poucos assuntos disponíveis… um dos poucos assuntos para os quais nos pedem opinião, nos quais estão interessados a ouvir-nos falar. O Teju Cole, escritor americano que admiro muito, disse num texto que causou enorme polémica: "Lamento muito, mas eu não posso só escrever sobre racismo. Não posso. Este tempo em que vivemos não pode pedir isso de mim. Isso é demasiado, não estou disposto a aceitar isso". O mundo em que eu gostava de viver, e vejo cada vez mais escritores negros em todo o mundo a dizer isso, é aquele em que cada um, seja qual for a sua cor, orientação sexual, identidade de género, escrevesse sobre o que lhe apetece. Um mundo em que, imagina, a coluna frívola do jornal de referência do meu país pudesse ser escrita por um negro, sem qualquer problema. E algumas pessoas iam gostar, outras iam gozar... Um mundo assim, onde qualquer assunto é assunto para qualquer pessoa. E aí que a senha de admissão no espaço público não é a condição de que a pessoa fala e se pronuncia sobre questões raciais. Mas também ainda não estamos nesse tempo. Pelo menos aqui na Europa ainda não.

SB: *Ainda existem algumas expectativas em cima da produção de autores negros de apresentarem textos que ou narrem o sofrimento ou em que aquela pessoa negra sofre mas no final ela encontra um pouco de conforto, existe uma espécie de conciliação... Como se a nossa literatura tivesse que ser edificante ou que ela tivesse que atender a uma certa ideia de um leitor que tem uma culpa branca. Que ele vai ler e pensar: "Nossa, o racismo é horrível, mas eu li um autor negro, estou fazendo a minha parte".*

DPA: Eu espero sinceramente não contribuir nada para isso. Há certos géneros de temperamento que não são admitidos a uma escritora negra, há certas atitudes, certos estados de espírito. Não se pode ser tímida, não se pode ser triste, os livros não podem ser demasiado tristes. Isso são coisas que não foram ditas objetivamente. Eu não acredito que haja um grupo de pessoas numa sala a decidir. Mas há uma espécie de convenção largamente aceita e não escrita do que é e não é admissível. Ao mesmo tempo, parece um bom momento, um tempo com razões pra otimismo, em que estamos aqui agora a ter essa conversa. Precisamente pelas condições dessa conversa, precisamente por estarmos aqui as duas a falar sobre isso, e existirem os livros de que estamos a falar e tudo isso. Há também toda uma série de limitações, de constrangimentos de várias ordens e origens que limita a maneira como tu apareces, o que podes dizer, o que podes escrever, quem é que está interessado em ouvir-te falar.

SB: *O rumo da nossa conversa agora me lembrou te ouvir falando sobre* A visão das plantas, *que tem uma premissa maravilhosa: você pegou um trecho de um livro que gosta, um personagem que é mencionado rapidamente e escreveu um livro sobre ele, que é o capitão Celestino.* A visão das plantas *é um romance, mas a gente não sabe dizer exatamente sobre o que ele é. A gente não sabe dizer se é um romance histórico, um livro de fantasma, várias coisas se misturam ali. Acho que o interessante é justamente essa perplexidade. É ler e falar: "Gente, o que aconteceu aqui?". Tem assombrações, tem histórias de pirata, tem um padre tentando converter um sujeito horrível, tem memória, enfim... Eu queria que você falasse um pouquinho sobre* A visão das plantas *porque eu acho que ele resume muito bem essa questão da escrita como um lugar de liberdade, em que você toma esse personagem terrível e vai construindo em torno dele tantas camadas complexas, que se alguém esperava um livro moralista ou didático, ou uma história de vingança, fica frustrado. Justamente por isso o romance é maravilhoso.*

DPA: Essa liberdade de que tu falas sempre está relacionada com uma maneira um bocadinho enviesada de ver as coisas que eu tenho. *A visão das plantas* nasceu há muito tempo, mas não como um livro. Eu gosto muito desse livro do Raul Brandão, *Os pescadores*, li-o há vinte anos pela primeira vez. Esse parágrafo que abre *A visão das plantas*, eu recortei e aquilo andou comigo no caderno muito tempo, a todo lado. Achava extraordinário aquele parágrafo e aquilo perturbava-me, era uma coisa daquelas que me metia medo e ao mesmo tempo atraía-me. Aquele homem horrível, que tem uma vida horrível, mata pessoas e tudo isso. E depois acaba a vida num jardim sem culpa e sem consciência pesada, não sabemos. Aquilo assustava-me, assombrava-me, mas ao mesmo tempo fascinava-me, eu achava aquilo uma coisa fantástica, fascinante. E isso foi muitos anos antes de começar a escrever o que quer que fosse, eu tinha dezoito, vinte anos. Já muito mais tarde, depois de ter feito vários livros, surgiu a ideia de contar essa aposentadoria do Celestino, os últimos dias, os últimos anos da sua vida. O que achei interessante nesse livro, como em vários outros, não interessa... Eu sou uma escritora que não está interessada em ensinar nada a ninguém — aliás não só na escrita, eu costumo, não consigo mesmo dar aulas de nenhum género, não consigo fazer qualquer coisa na situação de transmitir, de ensinar, porque a mim me custa muito. Uma pessoa branca pode dizer: "Ah, já li este livro do Raul Brandão, agora já percebi mais um bocado, já aprendi mais qualquer coisa". Mas a questão é que recuso-me absolutamente a estar nessa posição enquanto escritora. E isso agora não só sobre questões raciais ou questões destas, mas que seja sobre o que for. Quando fui escrever *A visão das plantas*, a última coisa que queria era ensinar o meu leitor a decidir o que havia de pensar sobre aquela figura. Tudo o que eu queria era preservar... Era que o meu livro não estragasse aquele parágrafo maravilhoso do Raul Brandão. E portanto, se aquele parágrafo que me deixou há quase vinte anos completamente fascinada, sem saber o que pensar, e meio confusa, eu só queria escrever um romance que prolongasse esse estado de espírito nos meus leitores. E portanto, um romance que os deixasse sem perceber bem o que está a passar ali, numa espécie de terreno moral um bocadinho ambivalente... Interessava-me preservar isso. A única coisa que eu posso ensinar a alguém eventualmente é a tornar-se neurótico com tantas dúvidas como eu. E portanto, como isso não é agradável, os livros que escrevo são extensões das minhas dúvidas. *A visão das plantas* é, talvez tenha sido, dos meus livros todos, aquele em que esse meu traço está mais exacerbado, de tal maneira que eu própria não sei o que pensar dele. De todos os meus livros, é o de que mais gosto.

SB: *A Maíra Dal'Maz, ela quer saber como é pra você a questão de escrever protagonistas homens, como é o caso de* Luanda, Lisboa, Paraíso. *Como funciona pra você essa questão de escrever um outro gênero?*

DPA: Fazem muitas vezes essa pergunta, talvez porque tenho vários livros com protagonistas homens. E no caso de *Luanda, Lisboa, Paraíso* foi mais complicado, porque era preciso construir as personagens da raiz, quase todas. E eu não tinha muitas referências, eu não sabia como é que… Havia uma série de coisas em relação às quais eu tinha muitas dúvidas. Por exemplo, o Aquiles, o filho do Cartola, o filho do protagonista do livro, a certa altura, passa pela adolescência. E eu não fazia muito bem ideia de como é um rapaz ser adolescente. É muito diferente da minha experiência, e eu não sabia como fazer isso. E isso tomou-me muito, muito tempo, foi uma coisa muito difícil. E falei com várias pessoas, falei com vários homens, pessoas me ajudaram a perceber certas coisas que eu queria perceber. No caso d'*A visão das plantas* foi muito mais fácil, porque o personagem já existia. E no entanto, eu acredito que os personagens, tal como vieram a resultar nesses dois livros, e em outros livros que eu tenho, que também são homens, são completamente construções da minha imaginação. Acho que não tem relação nenhuma nem com as pessoas que possam ter inspirado nem com homens que eu conheço ou que eu possa ter conhecido. Aquilo é o que eu imagino que são os homens. Ou que são homens naquelas circunstâncias. E gosto desse exercício, de fazer esse exercício a respeito de homens, mas também a respeito de animais, ou a respeito de árvores, ou a respeito de mulheres muito mais velhas do que, quer dizer, gosto de fazer esse exercício a respeito de tudo aquilo sobre o que me apetece escrever. Gosto de ter a liberdade de imaginar todas essas coisas à vontade. Escrever livros, escrever romances, sobretudo romances — ensaios não — é a coisa mais parecida a sonhar, à noite, quando vamos para a cama. Muitas coisas nos meus livros vêm dos meus sonhos. E no entanto, quando uma pessoa está escrevendo um romance, ao contrário do que acontece quando está a sonhar, a escrita interpõe-se. E surge toda uma série de problemas porque não basta imaginar.

SB: *Quando a gente fala da experiência de ser uma escritora, acho que isso também caminha com a nossa vida de leitor, todo mundo que decide em algum momento escrever é porque tem uma relação muito intensa de certa forma com os livros e a literatura. Quem são os autores que marcaram você ou o que você está lendo hoje e inspiram a sua escrita?*

DPA: Os autores que me conduziram a escrever, que me fizeram começar a escrever, talvez fossem os autores de quem eu me queria livrar. Porque eu passei muitos anos na universidade a ler coisas, a ler filosofia do Ocidente desde a Antiguidade. E então li Platão, Aristóteles, David Hume, Rousseau... Toda essa filosofia, filosofia ainda por cima nem sequer era uma coisa de um certo período histórico. Era uma coisa avulsa, era uma espécie de banquete. Quando eu comecei a escrever, desejava profundamente esquecer-me de tudo isso que eu tinha lido. Esses autores eram uma espécie de némesis. Porque tu podes aprender com uma coisa ou tu podes aprender contra uma coisa. E eu tinha essa coisa de pôr aquela gente toda para trás das minhas costas. Coisa que é impossível, e que nunca consegui. E que quanto mais tento, menos consigo. Agora, há muitos autores que são muito importantes pra mim, mas eu nunca gosto de contar. Mas há um livro que eu cito. Quando queria escrever um romance, com personagens e tal, que veio a ser o *Luanda, Lisboa, Paraíso*, reli os *Três contos*, do Flaubert, que foi o livro que mais me ensinou sobre escrever. Ler repetidamente uma das histórias, "Um coração simples", olhar para essa história com um olhar que já não era completamente virgem, mas o olhar de alguém que não só já tinha escrito mas estava interessada em escrever... Eu só tinha escrito até então textos na primeira pessoa. Simplesmente não sabia como é que se contava uma história, como é que se fazia, como é que se fazia um texto com vários personagens, como é... E então eu estive a fazer um curso, um verdadeiro doutoramento naquele livro, ele me ensinou como é que eu podia escrever. Eu já ouvi muitos outros escritores a dizerem, por razões muito diversas, que esse livro foi importante, e pra mim é uma obra-prima absoluta, e talvez seja o meu livro preferido.

SB: *Eu gosto sempre de fazer essa pergunta porque eu também sempre acho muito curioso que, dentro dessas muitas ideias que se tem sobre as escritoras negras, às vezes tem essa ideia de que a gente não lê diversamente. Ao longo dessa conversa, você falou sobre não querer ensinar nada, mas o seu ensaio é cheio de perguntas, de perguntas que não têm resposta. Algumas a gente até, enfim, se aproxima de algumas respostas. Eu acho que tem também essa questão de confiar na inteligência do leitor, de que talvez ele encontre suas próprias respostas. O que eu também acho uma parte bonita de escrever. Mas aí eu queria voltar num trecho do ensaio que você fala assim: "Se recuso ser uma escritora negra — se tal significar um género de subgrupo exótico dentro dos escritores do mundo — visto com orgulho a noção de que sou uma mulher negra que escreve". E aí eu te pergunto: a mulher negra que escreve é alguém que está aí pra colocar muitas perguntas no mundo?*

DPA: Eu não estou aqui pra outra coisa, eu não estou aqui mesmo para mais nada. Esse é o meu trabalho. Se eu passar a vida a atirar perguntas para cima das outras pessoas, então a minha vida teria sido plenamente realizada e feliz. Isso que estou a dizer não é nada de gratuito ou afetado ou querer fugir à questão das respostas. Não é nada disso. Uma pergunta não é só uma pergunta, não é um papel que se atira. Nós, para conseguirmos fazer certas perguntas, precisamos de atravessar caminhos. As perguntas não aparecem antes das respostas. Muitas vezes, o processo de perceber como é que se fazem as perguntas e que perguntas é que é importante fazer, é todo o caminho que precisamos percorrer. E na minha vida e na minha escrita tem sido assim. Muito mais do que encontrar respostas, as perguntas são a meta, as perguntas não são o prefácio, são a conclusão. Ou seja, pode ser necessário atravessar todo um caminho de muitas vezes dor, sofrimento, angústia, alegria, exaltação, entusiasmo, para chegar, no final, a uma maneira elegante de perguntar alguma coisa.

A restituição da interioridade*

2023

I.

Falo para vocês num momento em que se debate e leva a cabo a restituição de bens culturais por antigos impérios coloniais. *Não* é esse o assunto da minha conferência. A restituição que tenho em mente se refere a um bem intangível que não podemos recuperar movendo uma ação judicial contra algum Estado ou museu ocidental, ainda que seja a restituição de algo que, em certo sentido, encontramos *de fato* exposto em tais museus, na medida em que artefatos podem ser um indício de tal bem. Estados e museus podem chegar a um acordo em relação às condições para a restituição de bens culturais e obras de arte saqueados. Mas aonde ir e a quem solicitar se aquilo que queremos recuperar é a interioridade negra?

Pode-se muito bem definir como crime contra a humanidade o apagamento da interioridade negra

---

* Traduzido do inglês por Mariana Delfini.

por meio da opressão colonial e a maneira como ele se perpetua na desconsideração pela experiência diaspórica. Tribunal algum vai acolher o pedido dessa restituição. A interioridade negra foi tomada de *nós*. Mas sua restituição é tarefa *nossa*.

Esse plural não se refere apenas aos afrodescendentes, é claro, ainda que afirmar que isso lhes tenha sido tomado é afirmar algo específico e não menos significativo: que eles foram privados de uma representação de sua vida interior, a qual lhes faria sentir, diante de formas específicas de beleza, alegria e complexidade, como se estivessem em casa. Fizeram-nos ver a si mesmos em paródias rasas: simplificações superficiais e com frequência cruéis. Ao me debruçar sobre a literatura na minha língua, deparo com um retrato, de séculos, de pessoas negras como caricaturas, como elementos decorativos: risíveis, planas, muitas vezes sexualizadas, seres exóticos. Relegadas à condição de personagens vazios e estereotipados, pessoas negras são raras no cânone português e são representadas como seres humanos desprovidos de individualidade. Todos sabemos que não se trata de uma história particularmente portuguesa. Ninguém se torna um leitor negro ou um escritor negro, em qualquer língua ocidental, sem certo grau de autodepreciação logo de partida. Eu não teria sido aceita à mesa de alguns dos meus ancestrais literários. Eles falharam ao descrever a *minha* ancestralidade, não a entenderam, a subestimaram, zombaram dela. Essa perda é especialmente nociva no lado lusófono da questão, em que, ainda hoje, uma mentalidade imperialista mais ou menos comedida se recusa a reconhecer suas formas idiossincráticas de obsolescência e violência institucional, muito menos reconhecê-las na vida e na ficção.

Certa vez, um leitor sincero em uma livraria de Lisboa tentou me alertar para o perigo de me permitir ser classificada como "escritora negra". "Isso é literatura de gueto", ele disse, "e o problema da literatura de gueto é que ela é limitadora demais."

Ele partia do princípio de que, ao escrever livros sobre personagens negros, autores negros assumem um espaço periférico — que, se escrevo narrativas centradas em sujeitos negros em lugares que muitos consideram enclaves negros na periferia de Lisboa, isso não conquistaria um leitorado mais amplo; que não vou ser plenamente respeitada a não ser que transcenda o espaço literário da identidade e representação —; em outras palavras, que não estou me testando o suficiente.

Essa imagem é absolutamente ofensiva, falsa e ignorante.

As vidas das margens não são do interesse central da humanidade? Não foi sempre esse o caso na literatura e em outras artes? Aqui em Nova York, penso em Jacob Riis. Penso em Walker Evans e James Agee. Em Dorothea Lange, Diane Arbus. Penso em Chris Killip, em Baldwin. Em Toni Morrison, Ralph Ellison, Jonas Mekas, penso em Dickens, Dostoiévski, Gógol — preciso continuar? É vergonhoso que tenhamos sido privados das formas de interioridade que emergem especificamente das margens apenas porque escritores portugueses têm sido, se não racistas, ignorantes.

Tendo a pensar que todos saem perdendo. Mas também acho que existe esperança no lado lusófono da solução.

Gostaria de dizer que apenas as artes e a literatura, ou, para ser ainda mais abrangente, as artes e a ficção, e talvez as humanidades, podem reconstruir as particularidades da interioridade negra, das *paisagens interiores* formidáveis dos sujeitos diaspóricos que vejo na minha família e nos meus vizinhos. O projeto dessa restituição é a *principal* missão que a maioria dos artistas negros luso-afro-brasileiros em atividade hoje assumiu, de uma maneira ou de outra. Não podemos exigir a restituição da nossa interioridade — da imaginação negra, do ser interior negro — de qualquer governo ou Estado. Apenas nós podemos reconstruí-la. Nós, escritores, artistas, acadêmicos, cineastas, jornalistas, ativistas, luso, afro, brasileiros etc.: apenas nós podemos nos responsabilizar por essa restituição.

Falo para vocês em um momento e em um contexto em que vejo sinais de adesão assumida ou não a esse projeto para onde quer que eu olhe. *Vejo* isso nas peças e performances de Zia Soares, a única mulher negra dirigindo uma companhia de teatro em Portugal, que tem viajado pela África em busca de vestígios perdidos da emancipação de mulheres negras em comunidades antigas da Guiné-Bissau e de São Tomé. *Vejo* isso nos poemas afro-futuristas da moçambicana Hirondina Joshua e na poética desencantada da brasileira Aline Motta, que tem mapeado minuciosamente o caminho extraviado de escravização de seus ancestrais e o transformado em palavras e instalações de vídeo. *Vejo* isso nos sonetos introspectivos excêntricos do poeta cabo-verdiano José Luiz Tavares, retratando as caminhadas de um poeta negro nas ruas de Lisboa em seu livro *Lisbon Blues*, encontrando conforto nos ecos literários da topografia da cidade ao mesmo tempo que não encontra nela um lugar para um homem de sua cor. *Vejo* isso nos homens e nas mulheres dos filmes de Pedro Costa, atores e atrizes amadores como Ventura e Vitalina Varela, fantasmas das favelas de Lisboa, que se tornaram símbolo do nosso deslocamento comum e da paisagem degradada enquanto se anseia por um lar. *Vejo* isso nas performances provocadoras de atores como Welket Bungué, na insolente comemoração da vida das criações da atriz Isabél Zuaa; no empenho em buscar a felicidade a todo custo nos poemas de Gisela Casimiro; nas palavras de Ricardo Aleixo e Edimilson de Almeida Pereira, Joaquim Arena, Jeferson Tenório, Itamar Vieira Junior, na técnica evanescente de pintores como Carlos Bunga; nas fotografias autoconfiantes de Kiluanji Kia Henda, na montagem de Marta Pinto Machado das polaroides de sua mãe, autorretratos amadores de uma empregada negra lusófona na classe alta francesa.

A restituição da interioridade a sujeitos negros luso-afro-brasileiros e negros diaspóricos está acontecendo em direções diferentes e complementares, tantas quantas são as sensibilidades e inteligências dos que a assumem.

Vejo isso no meu trabalho literário, nos personagens que criei.

O que todos nós estamos fazendo não é uma tentativa de dar a nós mesmos um passado a posteriori, para emprestar a expressão de Nietzsche. *Não* se trata de uma tentativa de inventar um passado do qual poderíamos ter descendido, em oposição a esse do qual descendemos. Estamos, sim, dando uma *mente* a nós mesmos, ou estamos dando a nós mesmos uma mente que sempre esteve aqui. Isso se aplica especialmente a escritores e artistas da diáspora. De um modo ou de outro, nós compartilhamos uma identidade instável, sem pertencer a lugar nenhum, nem ao Ocidente, nem à África. Darmos uma mente a nós mesmos, por isso, está ligado a dar um lar simbólico a nós mesmos. Por não termos lar, nosso trabalho é em parte arqueologia, em parte performance. Escavamos; imitamos; improvisamos. Mas já não coincidimos com aquilo de que saímos em busca. É nessa não coincidência, nesse *limbo*, de onde provêm formas específicas de ansiedade e identidade, que começa esse projeto artístico e político de grande escala de restituir a interioridade negra. A mente que estamos dando a nós mesmos é de uma natureza liminar. Ela pertence tão somente a esse limbo que estrutura tantas vidas.

Eu venho do limbo, eu escrevo do limbo.

Talvez minha língua seja meu lugar no mundo. "Você deve habitá-la como se habita um bairro, uma cidade, um país", me disse certa vez uma pessoa querida. Esse pensamento me conforta. País algum — paisagem alguma — pode substituir as palavras, as entonações, o léxico, a gramática, o som nos quais sinto, escuto e imagino minhas dores e penso meus pensamentos. *Um idioma é um estalajadeiro acolhedor.* Talvez minha pátria *seja* a língua portuguesa. Ampliar sua beleza ao criar um espaço para mentes e vozes negras: esse é, em parte, meu projeto. Em certo sentido, no meu trabalho sempre procurei um lar, ou tentei encontrar um caminho para ele: um lar que sei que não existe, um lar sem território.

Vejo meu projeto literário como parte de um projeto coletivo.

Ser uma escritora negra do meu idioma, hoje, estar aqui e em lugares como este, falando para vocês, é me encontrar em uma posição de privilégio em comparação com gerações de escritoras da minha cor, do meu idioma, que nunca se encontraram em posição semelhante. Por um lado, sim, estou aqui, falando para vocês, e posso apenas falar por mim e a partir da minha visão de mundo. Mas, por outro lado, enquanto estiver aqui, diante de vocês, trago comigo a responsabilidade desse privilégio que assim foi dado a mim e negado a tantas. Não posso falar por elas. Mas, ao falar para vocês, falo com a consciência dessa responsabilidade.

Talvez uma escritora negra da minha língua ainda não possa se permitir recusar essa responsabilidade. E interpreto essa responsabilidade tentando ser completamente honesta comigo mesma ao falar para vocês, completamente honesta com aquilo em que acredito. Ser honesta comigo mesma e com aquilo em que acredito — não me falsear — é minha maneira de interpretar esse privilégio, uma vez que aquilo que foi negado aos meus ancestrais, e ainda é negado a tantos dos meus contemporâneos, é a oportunidade de ter uma voz em nosso idioma, sem falseamento.

A dimensão coletiva do meu projeto reside no fato de eu não estar sozinha e de haver uma dimensão coletiva no meu empenho: de maneiras variadas, sou parte de um coletivo de pessoas que pela primeira vez está recebendo essa responsabilidade. Todos nós compartilhamos a responsabilidade de estar entre os primeiros da história que podem fazer isso em nosso idioma.

2.

O convite para esta conferência me deu a oportunidade de reconsiderar meu trabalho e realizar, como escritora, uma investigação em torno de uma série de questões no campo dos estudos literários luso-afro-brasileiros e da diáspora negra, em especial. Não preciso dizer que não escrevi nenhum dos meus livros tendo em mente uma lista de tópicos. Eles vêm à tona na minha escrita — personificados em vidas ficcionais — não porque pretendo criar ilustrações paradigmáticas (de descrições acadêmicas) da experiência diaspórica negra. Em vez disso, como é o caso de muitos da diáspora, suas jornadas idiossincráticas caminham de mãos dadas com aquilo que pertence a algo muito generalizado, isto é, ao escopo das limitações geopolíticas que os afetam. Além disso, eu também escrevo — ainda que não exclusivamente — a partir da memória e da experiência.

Meu trabalho provém da experiência migratória que caracteriza minha vida e a dos meus ancestrais: portugueses que se estabeleceram em Moçambique, angolanos assimilados que se tornaram migrantes em Portugal, segunda e terceira gerações de migrantes angolanos espalhados por todo o planeta, homens e mulheres brancos portugueses que, não tendo deixado Angola na época da Independência, em 1975, ainda hoje estão no país. Antes de tudo, é inspirada por essa experiência direta que tenho abordado a tarefa de criar personagens ficcionais.

Passei anos concebendo a minha história e a história da minha família como algo único. Quanto mais eu investigava essa singularidade, no entanto, menos eu me convencia de sua existência, ao reconhecer quanto éramos parte de uma cadeia mais ampla, superestrutural, de limitações políticas, econômicas, culturais e civilizacionais. Não havia nada de singular na nossa singularidade.

Tentei fazer essa perplexidade ressoar por meio da minha pesquisa e da minha escrita, personificando-a em diferentes personagens, homens e mulheres, uma escalação de sujeitos diaspóricos afro-portugueses, cuja singularidade (ou cujas idiossincrasias, aspirações e sofrimentos) está constantemente tentando se conciliar com sua situação paradigmática.

Eu me dediquei a pesquisar a linguagem adequada para resgatar as tonalidades da singularidade diaspórica. Acredito que elas devam ser expressas e resgatadas do estado de ignorância não apenas porque sua ausência é um sintoma de uma visão de mundo opressora, mas também porque elas são importantes.

3.

Um projeto como esse apresenta desafios metodológicos consideráveis. Por ser alguém com um passado acadêmico que está se dirigindo a acadêmicos, tenho consciência de que meus métodos e fontes, assim como meus parâmetros e objetivos como escritora, podem parecer a vocês pouco convencionais. Por isso gostaria de discuti-los.

Começo descrevendo minhas fontes.

Ao longo dos anos, pesquisei e reuni um conjunto mais ou menos vasto de imagens, objetos e documentos variados relacionados à diáspora negra afro-portuguesa e memorabilia colonial (o que, por vezes, é doloroso possuir). Em vez de recorrer ao JSTOR, busco em coleções privadas, arquivos públicos e livrarias, em feiras da ladra na região de Lisboa, em casas portuguesas e afro-portuguesas, nos nossos sites equivalentes ao Craigslist, em sites de leilão, às vezes, no eBay. Esse conjunto inclui álbuns de fotografia, fotografias, desenhos, cartões-postais, roupas, tecidos, canções, pequenos itens de uso pessoal, depoimentos em áudio ou por escrito de conhecidos e desconhecidos, e a ele se somam livros de poesia e ficção, clippings da imprensa, conversas gravadas com amigos e com minha família. Eu me cerco dessa *biblioteca de coisas* bastante pessoal, como uma janela que dá para a realidade, para as condições de vida e o horizonte da imaginação de homens e mulheres afro-portugueses dos últimos cinquenta anos, e também para a vida e a história daqueles que viveram sob o antigo regime colonial português durante o século XX; e me sinto em especial atraída por documentos da história visual da cultura colonial e pós-colonial, sobretudo pela imagem da mulher negra em representações pictóricas coloniais.

Utilizo essas coisas de um modo principalmente experimental, misturando fontes e materiais, em uma tentativa de criar um mosaico fidedigno de emoções, no qual espero encontrar as vozes da minha obra. Paralelamente à minha escrita, tenho me interessado muito pela prática da colagem, em que me deparo com uma sensação de liberdade e risco que tento recriar ao escrever. Trabalhar a partir da memória pessoal, ter essa abertura à contingência e à surpresa são para mim medidas importantes contra as estratégias demagógicas da memória. Nos meus livros, as pessoas despontam como resultado desse método de pesquisa, se é que posso chamá-lo assim, que é muito intuitivo e associativo.

Diante desse ajuntamento de fragmentos, torna-se evidente que identidades do limbo — isto é, identidades como a minha e dos meus personagens — são justamente esse tipo de ajuntamento. Somos feitos de fragmentos, lembrancinhas e pilhagens. Encontramos, perdemos, reunimos, nos apegamos. Estamos em trânsito e espalhados. Somos uma coleção de coisas fora de contexto. Tentamos imaginar um sujeito a quem elas pertencem. Não temos um lar para onde voltar e assumimos nosso nomadismo como uma condição permanente. Talvez saber de onde alguém veio seja menos promissor que a possibilidade de inventar quem esse alguém é.

Só posso concluir que meu processo é minha identidade.

Na minha tentativa de escrever contra o apagamento da interioridade negra na cultura portuguesa, preciso enfrentar as contradições e as mistificações não apenas da violência colonial, mas também do seu reflexo na imaginação colonizada, do qual o melhor exemplo é a figura do *assimilado*. Tomemos Cartola de Sousa, em *Luanda, Lisboa, Paraíso* (meu segundo romance). Ele é um *assimilado* angolano, isto é, alguém que colaborou com os portugueses na Angola colonial. Ele tinha uma posição respeitável de enfermeiro em um hospital antes da Independência. Na Luanda pós--colonial, ele perde esse status e fica estagnado. Em meados dos anos 1980, como milhares de migrantes angolanos naquela época, ele deixa sua esposa e vai para Lisboa em busca de tratamento médico para seu filho mais novo, Aquiles, com a esperança de nunca mais voltar, e então descobre que na cidade com que ele sonhou a vida toda — a *metrópole*, a capital do Império — não existe um lugar para ele.

Algo semelhante acontece no meu romance *Maremoto*. Boa Morte da Silva, um veterano angolano da guerra colonial, na qual, como muitos soldados negros, ele serviu ao lado do Exército português, é agora um homem velho que cuida de carros nas ruas de Lisboa. Ele passa os dias escrevendo cartas para a filha, que nunca conheceu, na esperança de que ela o perdoe por seus crimes. Eis algumas passagens das cartas dele:

Me vieram ontem as palavras da tua mãe: "O teu problema, Boa Morte, é que tu andas enganado, nunca serás português, esses brancos te usaram como usaram nossos compatriotas". [...] Minuto seguinte joguei a cara da tua mãe contra o tampo da mesa. [...] Nunca mais a vi e nunca mais te voltei a ver. [...]

Portugal, como te explicar a ti que essa é minha terra, filha, sem ferir o teu coração? Terra dum homem é a terra que ele cava, terra pela qual um homem mata, e eu matei por Portugal antes de conhecer as ruas de Lisboa.

Olhos dos homens a quem tirei a vida, o seu sangue nas minhas mãos, a compaixão que por eles não senti, sangue que verti, juramento às cegas pela minha pátria nunca pisada. [...]

Filho não escolhe seu pai, eu não escolhi meu país. Matei como um louco. A cada cadáver me entreguei a Portugal. Cheguei a Lisboa, em 1979, soldado de regresso à casa do seu pai, cara de meu pai são essas ruas por onde hoje caminho. Meu velho pai pobre não tinha mesa posta no dia do meu regresso nem foi avisado de que eu cheguei. Mas, mesmo assim, me estendeu porção da sua terra — Rua António Maria Cardoso — para eu lavrar com as minhas mãos e colher a minha colheita.

Homens como Cartola e Boa Morte são figuras, ou sobreviventes da opressão colonial, peculiares, mas pouco debatidas. Eu me sinto atraída por eles como personagens porque eles me enchem de horror. Em parte, esse horror está intimamente relacionado a um contexto epistemológico ao qual somos todos vulneráveis: o de alguém poder estar irremediavelmente errado. A dominação colonial é responsável por esse modo específico de cegueira: na qual homens e mulheres se lançam na diáspora com a ilusão de que estão realmente *voltando para casa*. (Conheci alguns, a maioria homens, a maioria negros.) Mais cedo ou mais tarde eles se conciliam com a percepção de que *não têm lugar*. Boa Morte tem uma consciência profunda disso. Ele sabe que não tem lugar, mas, diferente de Cartola, ele *não* está perdido. Ele está exatamente onde deveria estar: não em Lisboa, mas em uma versão espectral dela. Ele se torna quem é ao se descobrir um fantasma.

De diferentes maneiras, ser um cidadão do limbo implica aprender a ser um fantasma. É preciso aprender a dominar a invisibilidade: primeiro, como uma maldição; depois, como uma habilidade; por fim, você vai acabar entendendo que, quando aparece, você assombra.

Por outro lado, uma vez que viveu longe dos seus parentes mais próximos por longos períodos, você é obrigado a se tornar seu próprio fantasma para que eles ainda possam reconhecê-lo. Como consequência da separação, sujeitos diaspóricos são inteligíveis uns para os outros na medida em que são amplamente teatrais. Quando juntos, são como atores representando a si mesmos sem parar. Tentei investigar isso no meu terceiro romance, *As telefones*, no qual Filomena e Solange, mãe e filha angolanas que viveram separadas a vida toda, divididas por um oceano de mal-entendidos, dependem de telefonemas para se falar e se distanciar, como tantas mães e filhas migrantes. Ao representarem a si mesmas repetidamente ao longo dos anos (isto é, alguma versão daquilo que imaginam terem sido uma para a outra em algum momento), elas estão tacitamente desesperadas para salvar seu relacionamento e a si mesmas da ininteligibilidade. Elas inventam pequenas convenções discursivas e padrões de conversa, à medida que seguem: seu próprio conjunto de silêncios, referências, alusões e meias-verdades. Chamo essa forma de discurso idiossincrática, *paralática*, de *fala (parole)* telefônica. Com esse romance tentei refletir sobre um argumento que queria muito ter defendido quando comecei a escrever minha tese de doutorado. De que o telefonema é o gênero literário da diáspora *por excelência*; de que isso implica a conclusão de que a subjetividade diaspórica é performativa de maneiras específicas; de que é constitutivamente teatral; de que a proximidade por meio da teatralidade talvez seja nossa condição melancólica. No entanto, eu não tinha certeza de que isso pudesse ser *demonstrado* academicamente. Por esse motivo escolhi a ficção como método.

4.

Voltamos de repente à questão da minha metodologia: uma questão, como vocês podem imaginar, que me é tão cara que é o centro de interesse da minha escrita futura e dos meus planos de pesquisa.

Desde pelo menos os românticos não há nada de controverso em afirmar que a ficção e a poesia podem servir como um *methodos* — uma busca empenhada pelo conhecimento — voltado para a esfera da interioridade. No entanto, acredito que ainda não descrevemos o bastante a maneira como ele atua em um mundo pós-colonial auspicioso, ainda que acerbo. Pois acredito que a restituição da interioridade e da autenticidade às vidas negras nas artes e na ficção é apenas metade do caminho. Depois de termos examinado como o cânone ocidental falhou completamente quanto a esse aspecto (e o que, ainda assim, ele nos ensinou a respeito de interioridade e autenticidade de modo mais geral), precisamos considerar seriamente as limitações a partir das quais escrevemos. Precisamos pensar em maneiras de contornar tais limitações.

Se nos meus livros consegui transmitir esse sentimento profundo de não pertencimento que encontramos em agentes diaspóricos, esse sentimento de um estado fraturado de "estar entre", algo de certo eu fiz. Mostrei então aos meus leitores modos específicos de anseio, desconhecidos para aqueles que vivem dentro de fronteiras, nacionalidades e culturas estáveis. Levei-os a refletir sobre os mitos que estruturam nossa imaginação colonizada. Por mais irreal que isto soe, *eu gostaria de reprogramar meus leitores por meio de uma empatia e uma catarse puras, irracionais*. Gostaria de contagiá-los com perspectiva, fazê-los derramar uma lágrima por um vizinho. Meu objetivo é fazer você enxergar o velho negro cuidando de carros como alguém com uma mente perturbada e uma força da natureza: um rei. Quero que você tema o mundo a partir do ponto de vista de outra pessoa; quero criar *hospitalidade*.

A esta altura, alguns de vocês podem querer me contestar, dizendo que certas almas não precisam de uma reprogramação e que outras não são suscetíveis à ideia de colocar as coisas em perspectiva. A isso eu responderia que, como uma escritora negra, não estou fazendo bem meu trabalho se estou pregando para convertidos. Vou ainda mais longe, não estou fazendo bem meu trabalho se estou *pregando*. Pretendo criar hospitalidade até mesmo nos desdenhosos. Mas não estou dando sermões. Não posso constranger meus leitores a serem hospitaleiros para com meus personagens e está fora da minha alçada *convencê-los* a serem assim. É aqui que minha investigação metodológica sobre a interioridade negra se transfigura. Como uma escritora pode engendrar hospitalidade se ela mesma não é hospitaleira? O que estou querendo dizer com isso?

Antes de responder, vou contar como, do meu ponto de vista de *escritora*, poderia se dar uma pesquisa *acadêmica* da interioridade negra diaspórica. Ela começaria como uma investigação das condições de sua repressão nos contextos colonial e diaspórico. Teria de descrever as limitações históricas, políticas, econômicas, religiosas e estéticas de onde advém a imaginação colonizada, como elas atuam na literatura e nas artes, como sobrevivem dentro do capitalismo racial contemporâneo. Trata-se de um estudo holístico. Por isso, ele se enriqueceria ao incorporar descrições da teoria, da história, da antropologia, da literatura comparada, ao buscar exemplos na ficção, na cultura visual, na poesia, na performance e na música. Essa história preliminar de apagamento deveria ser seguida por uma história da restituição coletiva, como sugeri. Para uma compreensão fiel da interioridade negra no mundo luso-afro-brasileiro, eu me concentraria naquilo que chamei em alguns ensaios de *Ansiedade do Limbo*.

Ansiedade do Limbo é um enigma filosófico e emocional, ligado a maneiras silenciosas ou explícitas de autodepreciação, mas também relacionado à tentativa de superar a imposição, pelo opressor, de silenciamento, autocensura e esquecimento de si. De um jeito ou de outro, eu a vejo nos meus personagens, nos meus amigos, nos meus colegas. Gostaria de investigar mais profundamente sua estrutura emocional e cognitiva. Ela não provém da arte negra e não se manifesta apenas na arte. Corresponde, sim, a um complexo emocional que emerge na sensibilidade diaspórica negra. Ela se manifesta como um luto por um lar impossível e na disposição, associada a ele, em buscar eternamente algo que não se pode obter. Não é meramente a experiência de "estar entre": é o luto antecipado de um sentimento impossível de chegada. A luta interna e intrinsecamente performativa para superá-la poderia ser descrita como uma "luta por dignidade". Ela também me lembra este trecho curto de "Se eu fosse eu", de Clarice Lispector:

Metade das coisas que eu faria se eu fosse eu, não posso contar. Acho, por exemplo, que por um certo motivo eu terminaria presa na cadeia. E se eu fosse eu daria tudo o que é meu, e confiaria o futuro ao futuro.

"Se eu fosse eu" parece representar o nosso maior perigo de viver, parece a entrada nova no desconhecido.

Como o desejo de ser você mesmo, *o desejo do "eu" ser "eu"*, convive com — e por vezes supera — a intimação disseminada a esquecer de si e a se aniquilar? Assim como o jovem Aquiles em *Luanda, Lisboa, Paraíso*, preso em um quarto de hospital numa Lisboa gelada — ou assim como Solange, a filha de *As telefones*, que mal se situa no vocabulário cultural de sua mãe —, ser um afropeu é se dar conta de ser um estrangeiro tanto na África quanto na Europa. Não existe para nós um lugar onde poderíamos nos confundir com os outros. Nossa conspicuidade está sendo apagada porque nossos corpos se tornam símbolos transitórios de um passado traumático. O desejo de ser você mesmo é constantemente adiado pela angústia de encontrar, em algum momento, um lugar onde o "eu" pode ser simplesmente o que é, seja o que for, o qual não pode mais ser separado das responsabilidades associadas a ser um símbolo humano, sobretudo quando se trata de um artista. Por isso, o "eu" diaspórico sempre é performativo e elegíaco.

Diante de ambientes não hospitaleiros, ele sonha e constrói espaços de pertencimento, cenários que se assemelham a um lar, que costumam ser uma alegoria de uma terra prometida. Um exemplo lindo, que há muito tempo me fascina, são as centenas de hortas ilegais cultivadas por migrantes cabo-verdianos em pequenos lotes nas beiras de estradas nas periferias de Lisboa. Outro bom exemplo vem da escritora brasileira Carolina Maria de Jesus:

> Eu deixei o leito as 3 da manhã porque quando a gente perde o sono começa a pensar nas misérias que nos rodeia. [...] Deixei o leito para escrever. Enquanto escrevo vou pensando que resido num castelo cor de ouro que reluz na luz do sol. Que as janelas são de prata e as luzes de brilhantes. Que a minha vista circula no jardim e eu contemplo as flores de todas as qualidades. [...]

É preciso criar este ambiente de fantasia, para esquecer que estou na favela.

Na minha escrita, tentei caracterizar e reproduzir esse tipo de *phantasia* negra diaspórica, talvez de modo mais explícito em um personagem baseado em uma história real, a do criado negro de Eça de Queiroz: um velho homem escravizado que acompanhara o retorno de sua família do Brasil para Póvoa do Varzim. Em seus diários, Eça de Queiroz recorda como esse criado o apresentou à literatura francesa quando ele era menino. (Em seus romances, ele às vezes aparece como o criado negro do herói, uma "coisa" humana com um nome caricatural, "Grilo".) Na minha novela *Bruma*, eu o imagino como um homem de tanta riqueza em sua intimidade, tão preso em sua própria mente e em suas leituras, que decide unilateralmente se mudar para uma cabana no meio da floresta, no melhor estilo *Walden*, o que é uma invenção da imaginação dele, um espaço inviolável. Como tantas vezes acontece na diáspora, tragicamente, a luta por dignidade e liberdade é tomada por doença mental.

Como estou chegando ao fim desta fala, gostaria de concluir tratando da questão da hospitalidade, ou — do meu ponto de vista — da questão da ficção como método. Também quero contar como ela está ligada ao meu tema principal. Em poucas palavras, como a poética da hospitalidade pode ser um fator no processo mais amplo de restituição da interioridade a sujeitos negros na ficção e nas artes (que me parece tão importante quanto a restituição de bens culturais a antigas colônias). Eis aqui a questão como a deixamos: *Como pode uma escritora engendrar hospitalidade em relação a seus personagens se ela mesma não é hospitaleira?*

Tentei acolher a ambiguidade e o incômodo na minha escrita escolhendo figuras que são moralmente questionáveis. Tive dificuldade em ser hospitaleira com algumas delas. A mais difícil talvez tenha sido o capitão Celestino, em *A visão das plantas*, um monstro emprestado de uma breve passagem em *Os pescadores*, um livro-reportagem (em parte memórias, em parte etnografia) do grande escritor português Raul Brandão. Brandão se refere a ele como uma lembrança assustadora da infância: um terrível comerciante de pessoas escravizadas que, depois de uma carreira bestial, retorna à mansão de sua família na Foz do Douro para ali passar seus últimos anos cuidando de um jardim (o autor se lembra dele como um jardineiro devotado e prendado); lá ele vive feliz, sem qualquer sombra de remorso, cercado por seu lindo jardim, até o dia de sua morte. Até mesmo monstros têm um lar, entendem? Para um diaspórico, isso é especialmente difícil de aceitar. Por anos fui assombrada por ele até me permitir sondar essa questão: o que significa para um monstro voltar para casa? Como eu, uma escritora negra irremediavelmente desprovida de um lar, posso ser hospitaleira com ele?

Personagens ficcionais são organismos acanhados. Se me aproximo deles assertiva, eles se fecham. Ouso dizer que personagens ficcionais conseguem sentir quando um escritor é opinioso ou judicativo. Nesse caso, acontece uma coisa curiosa: eles nos deixam falando sozinha ou recusam nossa companhia. Em certo sentido, não posso colonizar meus personagens, porque, se fizer isso, eu os *perco*, eles se tornam um projeto colonial, eu me torno uma escritora colonial. Eu me torno o opressor, sou *eu* quem apaga sua singularidade. Por isso, no limite da minha habilidade de escritora, aprendi a não deixar minhas inibições me conduzirem quando me aproximo dos meus personagens. Por mais exasperante e doloroso que possa ser às vezes, como ao escrever sobre os últimos anos de um comerciante de pessoas escravizadas — *devo escrever sem medo.*

O lar que tento *ser* para meus personagens é o de um tipo que provavelmente nunca vou encontrar na vida: um espaço seguro. Interessa-me a ironia como uma alegoria anticolonial: aquilo que penso ou sinto sobre um personagem não pode ser reduzido a nenhuma frase que uso para me aproximar dele, de modo que ele deve se manifestar independentemente das minhas opiniões e expectativas confortáveis. Isso exige linguagem e paciência. Ser receptiva sem assimilar, hospitaleira sem ter um código de conduta. Esse é meu método. Desisti da suposição de que meu trabalho como escritora de ficção é de alguma forma epistemológico. Não pretendo ensinar. Não pretendo educar. Meu trabalho como escritora está mais próximo do cultivo dos meus vizinhos cabo-verdianos: *estou abrindo espaço para uma interioridade ilimitada.* O trabalho da ficção acontece na mente do leitor. Não é tanto uma suspensão da descrença que me interessa na ficção, mas uma suspensão dos preconceitos pela qual até mesmo leitores relutantes possam se ver sendo hospitaleiros com um desconhecido.

Se consegui transmitir um sentimento de não pertencimento diaspórico nos meus livros, então algo de certo devo ter feito. Mas se levei meus leitores a refletir sobre os pormenores da interioridade de um desconhecido, sobre a dignidade enfática de ser uma *pessoa*, então cumpri meu dever.

Agradecimentos

Escrevi "O que é ser uma escritora negra hoje, de acordo comigo" na primavera de 2022, durante uma residência na Literaturhaus Zürich, que devo a Gesa Schneider. O ensaio seria publicado no mesmo ano no *Neue Zürcher Zeitung* e na *serrote*. Nessa ocasião, foi editado por Paulo Roberto Pires e Guilherme Freitas, a quem agradeço muito toda a amizade. Em 2023, sairia num dos números do *Inland Journal*, acompanhado por imagens de Ângela Ferreira, graças ao acolhimento de André Cepeda e Eduardo Matos. "A minha imaginação não se distingue da minha identidade" é a transcrição da conversa que tive no lançamento da *serrote* #41 com a poeta e tradutora brasileira Stephanie Borges, em julho do mesmo ano, também publicada na revista. Agradeço a Stephanie Borges a autorização para reproduzir a transcrição da nossa conversa neste livro. "A restituição da interioridade" foi apresentado na New York University, em fevereiro de 2023. Não teria sido possível pensar, escrever, viver esse texto sem o meu marido, interlocutor e mais verdadeiro amigo, Humberto Brito.

DPA, 2023

Esta edição foi apoiada pela DGLAB — Direção-Geral
do Livro, dos Arquivos e das Bibliotecas, Portugal.

© Djaimilia Pereira de Almeida, 2023

Todos os direitos desta edição reservados à Todavia.

Respeitou-se aqui a grafia usada nas publicações originais, exceto no texto traduzido do inglês, que está atualizado segundo o Acordo Ortográfico da Língua Portuguesa de 1990, que entrou em vigor no Brasil em 2009.

capa
Luciana Facchini
preparação
Erika Nogueira Vieira
revisão
Paula Queiroz
Ana Alvares

Os editores gostariam de agradecer à revista serrote/ims *e à escritora Stephanie Borges pela permissão de reprodução da entrevista com a autora ("A minha imaginação não se distingue da minha identidade") neste volume.*

Dados Internacionais de Catalogação na Publicação (CIP)

Almeida, Djaimilia Pereira de (1982-)
 O que é ser uma escritora negra hoje, de acordo comigo : Dois ensaios e uma conversa / Djaimilia Pereira de Almeida. — 1. ed. — São Paulo : Todavia, 2023.

 ISBN 978-65-5692-473-1

 1. Literatura angolona. 2. Ensaios. 3. Negritude. I. Título.

CDD 864

Índice para catálogo sistemático:
1. Literatura angolona : Ensaios 864

Bruna Heller — Bibliotecária — CRB 10/2348

todavia
Rua Luís Anhaia, 44
05433.020 São Paulo SP
T. 55 11 3094 0500
www.todavialivros.com.br

fonte
Register*
papel
Pólen bold 90 g/m²
impressão
Geográfica